www.ingramcontent.com/pod-product-compliance
Ingram Content Group UK Ltd.
Pitfield, Milton Keynes, MK11 3LW, UK
UKHW061700190726
13853UKWH00008B/2311

سلسلة الأوائل للفتيان

# أول مَنْ أسلمَ من الغلمانِ
# عليٌّ بنُ أبي طالب رَضِيَ اللَّهُ عَنْهُ

بقلم
محمد ثابت توفيق

مكتبة العبيكان

ح مكتبة العبيكان، ١٤٢١هـ

فهرسة مكتبة الملك فهد الوطنية أثناء النشر

أول من أسلم من الغلمان علي بن أبي طالب، لجنة التأليف والترجمة بمكتبة العبيكان ـ الرياض.

٣٦ص، ١٧X٢٢ سم (سلسلة الأوائل للفتيان)

ردمك: ١-٦٩٧-٢٠-٩٩٦٠

١- علي بن أبي طالب بن عبدالمطلب ٢- الصحابة والتابعون.

أ- العنوان ب- السلسلة

ديوي ٢٣٩،٩ ٢١/١٨٠٨

ردمك: ١-٦٩٧-٢٠-٩٩٦٠ رقم الإيداع: ٢١/١٨٠٨

الطبعة الأولى

١٤٢١هـ / ٢٠٠٠م



الناشر

مكتبة العبيكان

الرياض ـ العليا ـ تقاطع طريق الملك فهد مع العروبة.

ص.ب: ٦٢٨٠٧ الرياض ١١٥٩٥

هاتف: ٤٦٥٤٤٢٤، فاكس: ٤٦٥٠١٢٩

## البــدايــة:

أصابت قريتَنَا أزمةٌ «شديدةٌ»؛ إذ حدثَ في الجاهليةِ قبيلَ بعثةِ محمدٍ - صلى الله عليه وسلم - أن تعذرتِ الأموالُ بسببِ أزمةٍ شديدةٍ أصابت قريشاً وكانَ أبو طالبٍ ذا عيالٍ كثيرين، فقالَ رسولُ الله - صلى الله عليه وسلم - لعمهِ العباس؛ وكان من أيسرِ بني هاشمٍ: يا عباسُ؛ إن أخاكَ أبا طالبٍ كثيرُ العيالِ، وقد أصابَ الناسَ ما ترى من هذهِ الأزمةِ، فانطلق بنَا إليهِ، فلنخفف عنه من عياله: آخذُ من بنيه واحداً وتأخذُ أنت واحداً فنكفلهُمَا عنه، فقال العباسُ: نعم. فانطلقَا حتى أتيَا أبا طالبٍ فقالا:

- «نريدُ أن نخففَ عنكَ».

فقال أبو طالبٍ:

- «اتركا لي عقيلاً واصنعَا ما شئتمَا»(١).

وعقيلٌ هو أحدُ إخوةِ سيدنا عليّ، وسببُ طلب أبيه أن يتركوه وتمسكه به، ليس حبهُ الزائدَ له عن أخوته؛ ولا تفضيلَهُ له عن غيره وإنَّما الأرجحُ أنه كان الأصغرَ.. والصغيرُ من الإخوة دائماً ما يكون قليلَ الحيلةِ؛ لا طاقَةَ ولا قوةَ لهُ لذا يعظمُ أمرهُ عند أبويهِ حتى يكبرَ.

---

(١) السيرة النبوية لابن هشام - الجزء الأول، ص٢٢٧، ٢٢٨ - مكتبة شقرون بتصرف يسير جداً.

فأخذ الرسول - صلى الله عليه وسلم - عليًّا . . وهو بعدُ غلامٌ فضمهُ إِليه .

عاشَ عليٌّ - كرم الله وجهه - في جوارِ سيدنا محمد - صلى الله عليه وسلم - قبلَ البعثةِ فكانَ له نعمَ الأخُ الأكبرُ . . ينصحُ له؛ في رفقٍ ولين وصبر، لم يقسُ عليه يوماً؛ لم يعنفه . . لم يقل له كلمةً تضايقُه؛ فقد كان من خُلُقهِ - صلى الله عليه وسلم - ألا يعاتبَ أحداً من الناسِ في شؤونِ الحياة والمعايش، الأكل والشرب وما إِلى ذلك، كان من طبعهِ - صلى الله عليه وسلم - ألا يقولَ لأحدِهِم على شيءٍ فعلَه . . لِمَ فعلتهَ؟ أو على شيءٍ تركهُ . . لمَ لَمْ تفعلهُ؟

عاش عليّ - رضي الله عنه - بجوارِ الرسولِ قبلَ البعثةِ أي قبلَ بلوغهِ الأربعينَ، رآه لا يشربُ خمراً قط؛ لا يسمرُ مع فتيانِ مكةَ فيفعلُ ما يفعلونَ من المنكراتِ؛ بل علمَ فيهِ الشرفَ وحسنَ القولِ، ورجاحَة العقلِ، ولينَ الجانبِ، كل ذلك في هيبةٍ واحترامٍ كان يحسهمَا كلمَا اقترب منه - ﷺ .

لذلكَ عندمَا عرضَ الرسولُ عليه الإِسلام وما أوحي إِليه وهو غلام صغير لم يتجاوز الحادية عشرة من عمره أسلم . بعد تردد قليل .

أتى الرسولُ - صلى الله عليه وسلم - الكعبةَ فصلَّى فتبعَه عليٌّ - كرمَ اللهُ وجهَهُ - معَ السيدةِ خديجةَ - رضي الله عنها - إِيذاناً بالطاعةِ لرسولِ الله في كلِّ ما يقولُ ويفعلُ.

والإِنسانُ حين نراه حسنَ الخلقِ حسن المعاملة ينبغِي علينَا أن نأخذَ

بالظاهرِ منه.. أي ما رأيناه .. طالما لم نرَ فيه ما يريبنَا؛ لكن إِذا ما تعمقنَا في علاقتنَا به؛ من خلال ملازمتنا له، وعيشنا الدائم معه، هنا قد يتبدَّى لنا من طباعه وأخلاقه ما لم نعرفه ولا يخطر لنا على بالٍ؛ قد يصيرُ هذا الإِنسانُ أعظمَ مما كُنَّا نتصورُ؟ قد يفعلُ من الأمورِ أمامنا ما يرفعُه في أعيننا عن كثيرٍ من البشرِ؛ أو قد يأتي من الأفعالِ ما يحطُ به وينزلُ من قدرِه لدينا إِلى أقلِ مرتبة ثم نروحُ نعاتبُ أنفسنا: كيفَ ظننَا في هذَا خيراً؟

هكذا النّاسُ؛ صناديقُ مغلقةٌ.. مفتاحهَا العشرةُ والصحبةُ الدائمة.

وعليٌّ - رضي الله عنه - لم يسمع. عن رسولِ الله إِلاَّ كلَّ خيرٍ - وقد عاينَ ذلك بنفسه.. رأى الرسولَ مثلما رأته السيدةُ خديجةُ - رضي الله عنها - رآه في ضيقه.. لم يخرجُه الضيقُ وشدةُ الغضبِ عن طبعِه الذي يعلمُهُ؟

والعربُ قالت قديماً إِذا أردتَ أن تختبرَ صاحبَك، أو من ترغبُ في أن تصادقهُ فأغضبهُ، ثم انظره كيفَ يكونُ بعدهَا معكَ - هل تغير طبعه فأظهر لكَ أن حسنَ تعاملِه أولاً كان تمثيلاً معك وعندمَا تضايق انكشف عنه الغطاء فإِذا هو شيءٌ آخر مختلفٌ تماماً.

رأى سيدنا عليٌّ - رضي الله عنه - رسولَ الله - صلى الله عليه وسلم - في أوقاتٍ عصيبةٍ ورآه عندمَا يكونُ مقبلاً على مصلحةٍ يعدهَا شديدةَ الأهميةِ بالنسبةِ إِليهِ فإِذا ما تعطلت أو لم تحدث على الوجهِ الذي كان يبتغيهِ - صلى

الله عليه وسلم ـ رآه كما عهدهُ دائماً لا يتغيرُ ولا يخرجُ عن طبعهِ فيقولُ كلاماً سيئاً بل رآهُ كما هو رابط الجنان؛ هادىء النفس؛ رأى الغلامُ اليافعُ الرسولَ الكريمَ عندما يسرهُ أمرٌ. . أو يرىَ ما يسعدُهُ. . رأى الغبطةَ تقر طبعهُ الأول فلا يحيدُ عنه.

وكيفَ يعتري سيدنا محمدٌ ـ صلى الله عليه وسلم ـ ما يصيبُ البشر من تغيرِ طباعٍ حيالَ نوباتِ الحزنِ الشديدِ أو الفرحِ الذي لم يكن في الحسبانِ؟

كيف وهوَ الذي أدَّبهُ ربهُ فأحسنَ تأديبَه، أجل كانت أخلاق سيدنا رسول الله ﷺ قبلَ البعثةِ دلائل على نبوته في المستقبل.

كان الرسولُ العظيمُ مهيأً لها؟ حيث هيَّأه الله لذلك ورعاه وتولاه بعنايته. .

لقد أبعده اللهُ تعالى عن صحبة الأبِ، والأبُ تاجٌ على رؤوسِ الناسِ لا يشعرُ بمقداره ولا أهميتهِ في الحياةِ إلا من فقدهُ؟.

لقد نشَأ يتيمَ الأبِ فلم ير أباه إذ توفِّي وهو ـ صلى الله عليه وسلم ـ في بطنِ أمهِ، ولم يعش مع والدتهِ السيدةِ آمنةَ بنتِ وهبٍ إلا ستَّ سنواتٍ فقط من عمرهِ ـ وللأم شدةُ حنانٍ ولينٍ لا يعرفهُمَا إلا من قدرها تمام التقديرِ ولا يبكي عليهمَا إلا من فقدَ هذا الحنان وذلك اللين؟

هكذا أرادَ اللهُ سبحانه وتعالَى لحكمة يعلمها .

وعندما كان صغيراً شقت الملائكة عن صدره وأخذت ما ينزع أو يخالط البشر من شر وحقد وخلافهما وأبقت لديه نقاء السريرة وحسن الخلق..؟

ثم كيف لا يرى عليٌّ ـ رضي الله عنه ـ من رسولِ اللهِ ما يسرهُ ويرضي نفسَه ـ والمرءُ حينما يخرجُ من دارهِ وينزلُ ضيفاً على أحدٍ من الناس يكون شديدَ الحساسيةِ ـ قد يشعرُ بالغربةِ ـ عن المكان الذي يألفهُ.. قد يفسر كلَّ حركةٍ أو سكونٍ ممن يعاشرهُ على محملٍ لم يردهُ؛ قد يشعر الإنسانُ بأنه ثقيلٌ على دارٍ ليست بدارهِ، حتى وإن كانت لقريبٍ له، وكيفَ يشعرُ عليٌّ مثلَ هذا الشعورِ وهو في دارِ ـ محمد صلى الله عليه وسلم ـ اليتيمِ الذي فقدَ الأبَ والأمَّ، وتدرجَ ما بينَ الجدِّ ـ عبدالمطلب ـ وبيتِ ـ مرضعتهِ ـ حليمةَ السعدية ـ ، كيفَ وهوَ أدرى النَّاس بمقدارِ فقدِ المقربين من الإنسانِ «الأب والأم» ومفارقتهمَا إلى الأبدِ لا البعدِ عنهمَا بعضَ الوقتِ في الدنيا؟.

أكانَ عليٌّ يشعرُ بمثل تلك الأمورِ التي تتعاورُ الناسَ في حياتهم ولقد دنا من صاحب المدرسةِ التي خرجت أرحم الرجالِ على أتباعه وأشدهم في الوقت نفسه على أعدائه؟

عاش سيدُنا عليٌ حقبةً من حياته في جوارِ خيرِ أهلِ الأرضِ ولقد رآه في جميعِ أمورِ حياتهِ من فرحٍ وحزنٍ وضيقٍ وما إلى ذلك ولقد أحسَّ بهِ..

إحساسَ من يعدُّ نفسَه ضيفاً فيرقبُ من حولَه ويتحسبُ .. لقد عايشهُ في هذه وتلك فلم يرَ منه إلا كلَّ خيرٍ.

ذلك عن إيمانه ـ رضي الله عنه ـ فماذا عن بقائه في فراشِ الرسولِ مع احتمالِ استشهادِه.. الاستشهادُ يالها من منزلةٍ عظيمةٍ.. لكن الرسولَ الذي عرفَه عليٌّ تمامَ المعرفةِ قد أخبرَه بأنهم لن يخلصُوا إليه بسوءٍ.. هو الذي عاشرَ الرسولَ من قبل .. فرآه.. في جميعِ أمورهِ شديدَ الحرصِ على مصلحته.. هو الذي عرفَ الإيمانَ طريقه إلى قلبهِ وذهبَ مع الرسولِ إلى شعاب مكةَ ـ ما بين جبالها ـ فصليا للهِ مع علمهِ بمقدارِ خطورةِ ذلكَ لو رآهمَا أحدٌ من أهل مكةَ ولقد حدث أن أبصرهمَا بالفعلِ أبوهُ أبوُ طالبٍ فهل الذي تربعَ الإيمانُ داخلَ قلبهِ يعرفُ الخوفَ؟ وكيف يخاف وهو يتدثرُ ببردِ الرسولِ العظيمِ؟ حتىَّ وإن كانَ المشركونَ خارجَ البابِ لا يبغونَ به إلا السوءَ.. هكذا تخيلَ لهُم أنفسهُم.. ولكن اللهَ معهُ وبشارةُ رسولِ الله تُغنيه، كما أن قبولُ سيدنَا علي ـ رضي الله عنه ـ لدعوةِ الرسولِ ـ صلى الله عليه وسلم ـ يدلُّ على رجاحةِ عقل وحسنِ تفكيرِ ذلك الغلام الذي لم يتعد الحادية عشرة على أكثر تقدير.

إنهُ على حداثةِ سنهِ راجحُ العقلُ، يجيدُ التفكيرَ، ممهدٌ ذهنه لقبولِ أمرِ الدعوةِ الجديدةِ، بل تجاوزَ هذا إلى التضحيةِ في سبيلِ اللهِ عز وجل.

أمر الرسولُ علياً أن يؤديَ قبل أن يهاجرَ ما لديه من أماناتٍ وودائعَ للمشركين.. أفنستعيدُ تاريخَ هؤلاء مع الرسولِ وعلي كي نعرفَ مقدارَ عظمةِ محمدٍ ـ صلى الله عليه وسلم ـ ومن قبلُ مقدار عظمةِ هذا الدين ـ الإسلام ـ طبعاً نحن نقدر لهذا الدين عظمته قبل أن نروي صفحة ناصعة البياض من صفحاتِ احتمالِ الرسولِ العظيمِ وعلي لأذى مشركي مكة.. ومع ذلك كان حريصاً على أداء ما لديه من أماناتٍ إليهم.

# دار الندوة

اجتمع مشركو مكةَ في « دارِ الندوةِ » تلك الدارُ التي طالما شهدت اجتماعاتهِم وتشاورَاتهم في أمورِ الحياةِ والحُكمِ.. تلك الدارُ تشهد الليلةَ تآمرهم على أحبِّ خلقِ الله إلى اللهِ - عزَّ وجلَّ - فهم يجتمعون .. يتشاورونَ .. يتبادلونَ فاسدَ الرأي، إنهم يكيدونَ للرسولِ الكريمِ وهو لا يعلمُ.. وقد زاد الأمر سوءاً حضور إبليس - عليه لعنة الله - اجتماعهم وبكل خبث ودهاء أخذ يقول لهم:

« أنا شيخٌ سمعتُ بخبركم فحضرت؛ وعسى ألا تعدموا مني رأياً »(١).

وانطلت الحيلة على المجتمعين، ثم قال بعضهم:

« إن هذا الرجلَ قد كان من أمرِه ما كانَ؛ وما نأمنهُ على الوثوبِ علينا بمن اتبعه؛ فأجمعُوا فيه رأياً »(٢).

فاقترح بعضُهُمْ رأياً فقال:

« أوثقوهُ في الحديدِ، وأغلقوا عليهِ باباً، ثم تربصُوا به ما أصاب الشعراء »(٣).

---

(١) المختصر في أخبار البشر - تاريخ أبي الفدا لعماد الدين إسماعيل ابن كثير - مجلد ١، دار المعرفة - بيروت - ص ١١٥.

(٢) المصدر السابق.

(٣) المصدر السابق.

يريدونَ وضعهَ في سجنٍ انفراديٍ؛ هذا الأمرُ من أشدِّ الأمورِ على النفسِ وأقساها؛ إِنهم يهدفونَ بعقولهم الضعيفةِ إِلى إِصابته بما أصاب الشُّعراءَ منهم لكن هذا الاقتراحَ لم يعجب الشيطانَ الرجيمَ فقال:

«ما هذا لكم برأيٍ؛ لو حبستمُوه يخرجُ أمرهُ من وراءِ البابِ إِلى أصحابهِ.. لأوشكوا أن يثبوا عليكم فينتزعوهُ من أيديكُم».

يبينُ لهم الشيطانُ فسادَ هذا الرأيِ ـ من وجهةِ نظرهِ ـ إِذ إِنه يراهُ غير كافٍ يقولُ لهم: لو فعلتم ذلك فسوف يصلُ خبرُ سجنهِ ـ صلى الله عليه وسلم ـ إِلى أصحابهِ فيحاربونكم.

ثم اقترح آخر: «نخرجهُ وننفيهِ من بلادنَا ولا نباليِ أين وقعَ إِذا غابَ عنا».

ولكن لم يرضِ ذلك إِبليسَ اللعين؟.. فردَّ قائلاً:

«ألَم تروا حسنَ حديثهِ وحلاوةَ منطقهِ؟ لو فَعلتم ذلكَ لمال على حيٍّ من أحياء العرب فيغلب عليهم بحلاوة منطقه.. ثم يسيرُ بهم إِليكُم حتى يطأَكُم ويأخذ الأمرَ من أيديكم»(١).

ثم كان القول الفصلُ لأبي جهلٍ إِذ قال:

---

(١) المصدر السابق.

- «أرى أن نأخذَ من كل قبيلةٍ فتىً نسيباً - أي صاحب مكانهٍ غالية في قبيلتهِ، فإن ذلك أدعىَ إلى أنهُ مهمَا كانَ خطؤه لن يسري عليه عقابٌ شديدٌ - ونعطِي كل فتىً منهم سيفاً ثم يضربونَه ضربةَ رجلٍ واحدٍ فيقتلونَه؟..».

- «فإذا فعلُوا ذلكَ تفرَّقَ دمهُ في القبائلِ كلهَا فلم يقدر بنو عبدِمنافٍ على حربِ قومهِم جميعاً ورضُوا منَّا بالعقلِ» (يعنيِ بالديةِ).

سرعان ما صادق الشيطان عليه لعنة الله على قولِ أبي جهلٍ.

- «القولُ ما قالهُ الرجلُ.. هذا هو الرأي»(١).

أي أنه أخيراً وافق على اقتراحٍ لهم وعلى ذلكَ تفرقُوا.

إلا أن لهذا الكونِ رباً أحاط به وبأمرهِ قضَى فيه، وقضاؤُه - عز وجل - حقٌ، هذا هو عدل ربي في الكون؛ قدر أنَّ الخيرَ والعدلَ هما المنتصرانِ.. وإن اجتمعوا.. وإن دبَّروا.. وإن أعدوا فإنما هم ومعهم إبليسُ اللعينُ، مخلوقاتٌ أراد لها الوجود.. فلن يغلب - أبداً - مكر هُم.. مكره - سبحانه وتعالى - ﴿وَيَمْكُرُونَ وَيَمْكُرُ اللَّهُ وَاللَّهُ خَيْرُ الْمَاكِرِينَ﴾.

وتحلق المشركون أمام بيت النبي ﷺ لتنفيذ مكيدتهم وداروا أنفسهم ما استطاعوا كيلا يُكشف أمرهم وتضيع فرصتهم، إلا أن اللهَ - عز وجل - حفظَ

(١) المصدر السابق.

رسولَه؛ وأرسلَ إليه جبريلَ - عليه السلام - ليخبرَه بما أعدَّهُ المشركونَ، فطلب رسول الله من عليٍّ أن يبقى في فراشه وأن يتوشح بردته، وخرج رسول الله من بيته بعد أن ألقى الله عز وجل سِنَةً على أولئك المتربصين.

وأخذ الرسولُ الكريمُ حفنةً من ترابٍ فجعلهُ على رؤوسهِم وهو يتلُو هذهِ الآياتِ: ﴿ **يسٓ ۝١ وَالْقُرْآنِ الْحَكِيمِ** ﴾ إلى قوله - عز وجل - ﴿ **فَهُمْ لَا يُبْصِرُونَ** ﴾، فلم يروهُ.

وهكذا نَجَّى الله رسوله ﷺ وبقي عليٌّ مكانه ما استطاع أن يبقى.

ثم ما لبث أن طلع عليهم إبليس بهيئة رجل قائلاً:

« ماذا تنظرون »؟!

قالوا: « محمداً »

قال:

- « خيبكُمُ اللهُ؛ خرجَ عليكم ولم يترك أحداً منكم إلا جعلَ على رأسهِ الترابَ وانطلقَ لحاجتهِ »(١).

أكانَ عليٌّ ذلك الشاب اليافع يشعرُ بالخوفِ وهو يتغطَّى ببردِ الرسولِ الأخضرِ؛ ينامُ في فراشهِ، ومشركُو مكةَ يقفونَ عند البابِ بسيوفهم ينتظرونَ خروجهُ - إذ إنهم يظنونَه محمداً - صلى الله عليه وسلم - وإذا ما طالَ بهم

(١) المصدر السابق.

الانتظارُ فسوفَ يدخلونَ؛ لن يراعُوا حرمةَ الدارِ ولا حقَّ الإنسان في الأمانِ؛ لن يراعُوا شيئاً.. ولربما انطلقت سيوفهُم؛ خرجت من أغمادهَا قبلَ أن يتيقنُوا إلى مَن تتجهُ ومن تصيبُ..

هل يخاف علي ورسول الله يقول له:

- «نم في فراشي واتشح ببردي الأخضرَ؛ فإنه لا يخلصُ إليك شيء تكرهه»؟

بقوانينِ البشرِ؛ بالأمورِ التي اعتادَ عليهَا الناسُ هو في خطرٍ.. وأي خطرٍ؟.

أما عليٌّ - رضي الله عنه - فالأمر مختلف تماماً لديهِ؟

لِمَ يخافُ؟ وهو يعلمُ أن اللهَ وحدهُ هو المقدرُ. لِمَ يخافُ؟ وهو يعلمُ أن اللهَ عندما يريدُ .. تتوقف معارفُ الناسِ وما ألفُوه في حياتهِم لتبدأَ معارفُ وأمورٌ لم تكن تخطرُ لأحدٍ على بالٍ.. أليسَ اللهُ هو خالقُ الأسبابِ والقوانينِ التي تحكمُ النَّاسَ.

نعم، وهذه الأشياءَ التي خلقهَا الله لها سننٌ يجبُ أن تحترمَ، ولكن يجبُ أيضاً أن لا تنسيكَ هذه الأسبابُ، أن فوقها خالقاً مدبراً يسمحُ لها في التأثيرِ وقتمَا يشاءُ، وكيفمَا يشاءُ فلا تظن أنكَ حينمَا تنجحُ فإنكَ قد حصلتَ على النجاحِ من نفسكَ أولاً بل تذكرُ أن اللهَ قدرَ لكَ الخيرَ وأمدكَ بعونهِ وهيَّأ لكَ من الظروفِ والأفعالِ ما استطعتَ عن طريقهِ أن تصلَ إلى

النجاحِ؛ هذه الأسباب تتعطلُ إِذا أرادَ اللهُ - عزَّ وجلَّ - فإِذَا قدرَ أمراً كانَ؛ وهذه الأسبابُ تنجحُ إِذا ما أرادَ اللهُ - عزَّ وجلَّ - حتى إِن كانَ ذلكَ على غيرِ ما اعتادَه الناسُ.

- كيفَ يخافُ عليٌّ - رضي الله عنه - والذي يأمرُه بالنوم محمد ﷺ الذي لا ينطقُ عن الهوىَ؟

كيفَ يخافُ عليٌ وهو يعلمُ أن محمداً ليسَ وحدهُ وإِنما معهُ اللهُ القادرُ الذي ينصرهُ على أعدائه؟

- كيفَ يخافُ عليٌّ وهوَ يعلمُ أنَّ اللهَ هو الذي أرسلَ جبريلَ - عليه السلامُ - فأخبرَ رسولَه بكيدِ المشركينَ.. وسوف يحفظه الله - رغم كيدِ المشركين؟

كيف يخاف علي - كرم الله وجهه - وهو الذي تربّى وترعرع في صحبته ﷺ رآه أخاً كبيراً وأباً يحنو عليه. رآه صاحباً يخلصه النصح، فيبوح له بمكنون صدره دائماً، وجده الصدر الحنون الذي يتوسده كلما ألمَّ به ما يضايقه أو يحزنه؟

طافت كل هذه المعاني بنفس عليٍّ، وفي الوقت نفسه تذكر صور إِيذاء قريش لرسول الله ﷺ، ومع ذلك يحرص الرسول على أداء الأمانات إِلى أصحابها.. تمثلت في ذهن عليٍّ عظمة محمدٍ ﷺ وظل هكذا حتى بزغ الصباح.

# صاحب الخلق العظيم

ثلاثُ سنواتٍ مرت من عمرِ الدعوةِ الإسلاميةِ لاقىَ خلالها رسولُ اللهِ ـ صلى الله عليه وسلم ـ الكثيرَ من العنادِ من قبلِ مشركي مكةَ كلمَا أرادَ أن يدعو أحدهم بصورةٍ فرديةٍ؛ ولاقَى العبيدُ الذينَ لاذنب لهم ـ سوىَ أن آمنوا بالله ورسوله ـ ألواناً مختلفة من التعذيبِ كي يتركُوا دينهُم فأبوا.

أمرَ اللهُ رسولَه الكريمَ بإظهارِ الدعوةِ. عندما نزلَ قولُه تعالَى:

﴿ وَأَنذِرْ عَشِيرَتَكَ الأَقْرَبِينَ ﴾.

دعَا النبيُ ـ صلى الله عليه وسلم ـ علياً ـ رضي الله عنه ـ فقالَ:

– «اصنع لنا صَاعًا من طعامٍ واجعل عليهم رجلَ شاةٍ واملأ لنا عساً من لبنٍ واجمع ليِ بنيِ المطلبِ حتى أكلمهُم وأبلغهُم ما أمرتُ به»(١).

النبيُّ ـ صلى الله عليه وسلم ـ يعرفُ الوقتَ المناسبَ الذي يستطيعُ فيه أن يدعُوا الناسَ وهو يهيءُ الأمرَ لهذهِ الدعوةَ كما ينبغِي أن يكونَ حسنُ الأمرِ؛ وهو لعلمِه بمفتاحِ القلوبِ بأمورٍ معينةٍ، تطمئنُ إليهَا النفوسُ.. تكونُ أكثرَ قدرة ساعتها على حسنِ الاستماعِ والإنصاتِ والتدبرِ وبالتاليِ الفهم والتقدير؛ لذا فإنه ليأمر عليًّا ـ رضي الله عنه ـ أن يعدَّ مائدةً كبيرةً لبني المطلبِ؛ تحتوِي هذه الوليمَة على طعامٍ «ورجل شاةٍ» ففعل ما أمرهُ الرَّسولُ

---

(١) المختصر في تاريخ البشر ـ مجلد (١)، دار المعرفة ـ بيروت، ص ١١٥.

الكريمُ ودعـاهُم وهـم أربعـونَ رجلاً يزيدونَ رجُـلاً أو ينقـصونَه فيـهم أعـمامُ الرسولِ العظيمِ: أبو طالبٍ وحـمـزةُ والعبـاسُ أحـضـرَ عليٌّ ـ رضي الله عنه ـ الطعامَ فأكلوا حتى شبعُوا.. ويروي سيدنَا عليٌّ عن هذه الحادثة فيقولُ:

« تناولَ رسـولُ الله جـزة من اللحمِ فنتـفَـهَـا بأسنانِـهِ ثـم ألقَاهَا في نَواحيِ الصَّحفةِ؛ ثم قالَ:

– خذُوا باسم الله.

فأكلَ القوم حتى لم يعد لهم إلى الطعام حاجة، وأيمُ اللهِ الذي نفسُ عليٍّ بيدهِ إن كان الرجل الواحدُ ليأكل ما قدمتُ لجميعهِم »(١).

أي أن الرسولَ الكريمَ قد تناولَ قطعةً من اللحمِ ثم قطعهَا بأسنانهِ ـ دون أن يمضعهَا ـ ووزعَّها علي نواحيِ الطبقِ المختلفةِ فباركَ اللهُ في الطعامِ؛ هذه معجزةُ نبـويةُ كريمةٌ رآها عليٌّ وبنُو المطلبِ جميعاً فوعَاها من وعَاها؛ نعم فالرسـولُ العظيمُ له معـجـزةُ القـرآنِ كـفـتـهُ عن ما عـداها؛ ثـم جـاءت هـذه المعـجـزاتُ يصـدقُ بهـا من رآها وتقـوِّي إيمانهَ.. ونؤمنُ نحنُ بقـدرةِ اللهِ.. ونصدقُ بمثلِ هذه الرواياتِ طالما أنهَا وردت في كتبٍ صحيحةٍ. فاضَ الطعامُ حتى لقد كفاهُم جميعاً مع أن أحدَهم لو أرادَ ـ ودونَ تدخل المعجزةِ الإلهية لتناولَ كلَّ هذا الطعامَ بمفردهِ؛ ولقد أكلُوا حتى شبعوا وصاروا غيرَ قادرين

---

(١) الكامل في التاريخ لابن الأثير ـ ط بيروت ـ مجلد ٢ ـ ص ١٠١.

على تناولِ شيءٍ آخرَ « ثم قال - يعني سيدنا محمد - صلى الله عليه وسلم - اسقِ القومَ.

فجئتهُم بذلكَ « العُس » فشربُوا منه حتى روُوا جميعاً؛ وأيمُ اللهِ إن كانَ الرجل ليشربُ مثلهُ! »(١).

إن سيدنَا علياً لما جاءَ لهم بإناءِ اللبنِ صارُوا يشربونَ حتى إنَّ الواحدَ منهم ليشربُ مثلَه.. أي ليشربُ مثلَ حجمهِ وما ينقضِي الإناءُ.

« فلمَّا فرغُوا من الأكلِ وأرادَ - النبيُّ - صلى الله عليه وسلم - أن يتكلمَ بدرهُ أبو لهبٍ إلى الكلامِ فقالَ:

- « أشد ما سحركُم صاحبكُم »(٢).

أكلَ وشربَ حتى ارتوَى فلمَّا أراد صاحبُ المكانِ - صلى الله عليه وسلم - أن يتكلمَ انفجرَت هذه الكلماتُ في حلقهِ وهو عمٌّ للنبي - صلى الله عليه وسلم - وضيفٌ لديهِ فإن لم يُقدر الأولَى، فليستحِ من الثانية ولكن ما الجدوىَ وهو الذِي طبعَ على قلبِه نتيجةَ سوءِ عملهِ؛ هو الرجلُ الذي قال فيه عز وجل.

**﴿تَبَّتْ يَدَا أَبِي لَهَبٍ وَتَبَّ ۝١ مَا أَغْنَىٰ عَنْهُ مَالُهُ وَمَا كَسَبَ ۝٢ سَيَصْلَىٰ نَارًا ذَاتَ لَهَبٍ...﴾.**

---

(١) المصدر السابق.

(٢) المختصر في تاريخ البشر.

صارت هذهِ الكلماتُ قرآناً يتلى إلى يومِ القيامةِ يحملُ اللعنةَ لهذا الرجلِ الذي ما تركَ من فعلٍ سيءٍ إلا وحاولَ به أن يؤذي رسول الله ـ صلى الله عليه وسلم ـ وعرقلة الدعوةِ الإسلاميةِ ولكنَّ الله رد كيده إلى نحره.

ولما قالَ أبو لهبٍ كلمتَه تلك، قام الناسُ منصرفينَ ولم يكلمهُم رسولُ الله ـ صلى الله عليه وسلم ـ فلمَّا مضَوا ـ قالَ رسولُ اللهِ لعليٍّ:

– يا عليُّ قد رأيتَ كيفَ سبقنيِ هذا الرجلُ إلى الكلامِ فاصنَع لنَا في غدٍ كما صنعَت اليوم واجمعهُم ثانيةٍ.

فلمّا كان ثاني يوم أعدّ عليٌّ ـ كرم الله وجهه ـ الطعام ثانيةً فلمَّا أكلوا وشربُوا اللبنَ؛ قال لهم رسولُ الله ـ صلى الله عليه وسلم:

– «ما أعلم إنساناً في العربِ جاءَ قومهَ بأفضلَ مما جئتكُم؛ جئتكم بخيرِ الدُّنيَا والآخرةِ وقد أمرنيِ اللهُ تعالىَ أن أدعوكُم إليهِ فأيكُم يؤازرنيِ علَى هذَا الأمرِ.

ولم يكنْ من أقاربِ الرسولِ ـ صلى الله عليه وسلم ـ من يجيبُ إلاَّ علياً ـ رضي الله عنه ـ الذي استجابَ بكلِّ جرأةٍ.

هذا الموقفُ يدلُّ على شجاعةِ على بن أبي طالبٍ وهو الغلامُ الصغيرُ يتحدثُ في حضرةِ آبائه وأعمامهِ ـ وهم كثر ـ يصرونَ على موقفهِم: لا يردونَ على النبيِّ ـ صلى الله عليه وسلم ـ وهو يدعُوهم إلى الخيرِ.. راجياً لهم

الرشادَ. . . يناديهِم . . يستحثهُم طالباً منهم المؤازرةَ «المساعدةَ» فلا يجيبُ منهم أحدٌ إلا الغلامُ وهو يصفُ نفسَه بأنه الأصغرُ سناً. . وهو بعدُ الذِي لا يقارنُ عمرهُ بأعمارهم يجيبُ.

– أنا أشهدُ أن لا إله إلا الله وأن محمداً رسولُ الله.

هذا الضميرُ له في هذا الموقفِ ما لهُ من عظيمِ فضلٍ ومنزلةٍ عندَ اللهِ ـ عز وجل ـ وعند رسولِه ـ صلى الله عليه وسلم ـ إذ كانَ عليٌّ أولَ من أسلمَ من الغلمانِ ولم يكن أبو بكر الصديق ـ رضي الله عنه ـ قَد آمن بعدُ، إن صوت عليٍّ ـ كان هو الصوتُ الوحيدُ الذي أجابَ رسولَ اللهِ في هذا الموقفِ ويا لَهَوْل الموقفِ! هذه الكلماتُ المعبرةُ يجيبُ بِها عليٌّ وهو يرى القومَ يتخاذلونَ ومنهم من سيؤمنُ ولكنَّ اللهَ لم يقدر له الهدايةَ بعدُ، هذه الهدايةُ أنعمَ اللهُ بها علَى عليٍّ مبكراً، هذه الكلماتُ العظيمةُ تحملُ في طياتهَا . . على قلتهَا معانٍ لا حصر لها:

– «أنا يا نبيَّ اللهِ أشهدُ أن لا إلهَ إلا الله وأشهدُ أنكَ رسولُ الله».

وعظم الكلامِ يقاسُ ـ أول ما يقاسُ ـ بالموضعِ الذي قيل فيه؛ إنه يقولُ له أنا. . ويزيدُ يا نبيَّ الله . . هذا الغلامُ لا يأخذه الحياءُ ولا تنقصُه الجرأةُ أن يعلنَ أنَّ محمداً ـ الذي يكذبونه جميعاً بألسنتهم ويعلمون في طيات قلوبهم أنه على الحق ـ رسول الله .ينطق الصغير حينما تأخذه الرهبة ـ رهبة

الموقف ـ بالكبير؛ ينطق الصغيرُ حينما يخافُ الكبيرُ على ماله ومنزلتهِ ومكانتهِ بين قومهِ.. ينطقُ الصغيرُ لأنه الأقربُ إلى الفطرةِ منهم جميعاً.

[ هذه الكلماتُ تدلُّ على أن اختيارَ النبيِّ لهذا الغلامِ كي يبقَى في مكانهِ.. كان اختياراً صائباً ]، والنبي حينما يسمعُ منه الشهادتينِ يعلنُ لهم جميعاً: أن التفاضلَ بينَ النَّاسِ لا يكونُ بما يعتقدونَ أنه الأصوبُ؛ المالُ أو المنزلةُ؛ السلطةُ أم المكانةُ؛ إنهم مخطئون في تصورهِم هذا؛ والنبيُّ ـ صلى الله عليه وسلم ـ يعلمهُم عملياً.. أن الأفضليةَ والتمايزَ لا يكون إلا بالتقوى لله عز وجل ثم العلم.. والمشركون عندما ردُّوا خلطُوا الأمورَ ببعضهَا فما المانعُ أن يسود الصغيرُ الكبيرَ في العلم.. لكنَّ ذلكَ على أيّ حالٍ لن يمنعَ احترامَ وتقديرَ الصغيرِ للكبيرِ.. هذا ما كانَ من أمرِ قريشٍ تجاه النبيِّ.. ثم إنهم حينما ذكر آلهتهُم بما لم يعجبهُم؟ بما وضعَ هذه الأصنام في موضعهَا الطبيعِي بدؤوا يتحرشونَ بالرسولِ ـ صلى الله عليه وسلم ـ وكانت حياةُ أبي طالبٍ والسيدةِ خديجةَ زوج الرسول سبباً لعصمَة الرسولِ عن أذى قريشٍ، فلمَّا ماتا اشتد عليه أذاهُم؛ حتى إنهم نالُوا منه مالم ينالوهُ من قبلُ واضطروهُ إلى قطعِ المسافةِ بين مكةَ والطائفِ جرياً على قدميهِ الشريفتينِ وهو حاف، وقد أغرُوا به صغارَ الصبيةِ يجرونَ خلفهُ يرمونَه بالحجارةِ حتى يجلس ـ صلى الله عليه وسلم ـ في ظل حديقةٍ ودعا ربَّه أن يجعلَ له مخرجاً وقال:

«اللهم إِليك أشكو ضعفَ قوتي؛ وقلةَ حيلتي؛ وهوانِي على الناسِ؛ يا أرحم الراحمينَ؛ أنت ربُّ المستضعفينَ؛ وأنتَ ربي؛ إِلى من تكلُني؛ إِلى بعيد يتجهَّمُنِي «يستقبلنيِ بوجهٍ كريهٍ - تعبيراً عن عدم حبهِ للقائهِ - صلى الله عليه وسلم» - أَم إِلى عدوٍ ملكتهُ أمرِي؟ إن لم يكُن بكَ عليَّ غضبٌ فلا أُبالي؛ ولكن عافيتَك هي أوسعُ لِي؛ أعوذُ بنورِ وجهكَ الذي أشرقَت له الظلماتُ؛ وصلُح عليه أمرُ الدنيا والآخرةِ من أن تنزلَ بي غضبكَ أو يحل علي سخطكَ لكَ العُتبىَ حتى ترضَى، ولا حولَ ولا قوةَ إلا بك»(١).

وفي هذا الدعاءِ الشديدِ الرجاء إِلى اللهِ يشكو - صلى الله عليه وسلم - إِن صحَّ الخبرُ - إِلى ربه من سوء معاملةِ أهلِ الطائفِ له؛ القريبِ والبعيدِ؛ ويستنجدُ رسولُ الله - صلى الله عليه وسلم - كي يجعلَ الله له مخرجاً من أمره هذا ومع هذا يقرنُ الدعاءَ بالاستغفارِ وهو درسٌ نبويٌّ كريمٌ لما ينبغِي أن يكون عليه حال استغفارنا لربنا - عز وجل.

طافت كل هذه المعاني في نفس عليٍّ، تذكَّر ألوان إِيذاء قريش للرسول عليه السلام ومع ذلك يحرص عليه السلام على أداء الأمانات إِليهم.. تمثلت كل هذه الذكريات في ذهن عليٍّ وظل هكذا حتى بزغ صباح ليلة الهجرة

فلمَّا أن جاء الصباحُ قام عليٌّ بشجاعة من فراش الرسول - صلى الله عليه

(١) السيرة النبوية لابن هشام - مكتبة شقرون - الجزء الثاني، ص ٤٨.

وسلم ـ فعرفوه وعرفوا مقدار خيبتهم وفشلهم.. صمتوا بعض الوقت لا يقدرون على الحديث أو النطق ثم إِنهم لما أفاقوا إِلى أنفسهم اجتمعوا حول الشاب الوادع: متسائلين عن النبي ـ صلى الله عليه وسلم ـ فقال:

– لا أدرِي!.

فلمَّا رأَى الضيقَ وشدةَ الغيظِ يشتدانِ في أعينهِم أضافَ:

– «أمرتموه بالخروجِ فخرجَ».

هُنا انفجَرُوا فيهِ؛ نسُوا أنهم أمامَ شاب ٍيافع .. نسُوا عاداتِهم وتقاليدَهم التي يزعمونَ الحفاظَ عليهَا وباسمِهَا يطاردونَ محمداً ـ صلى الله عليه وسلم ـ وانهالُوا علَى عليٍّ ضرباً وأخرجُوه إِلى المسجدِ فحبسُوه ساعةً فلربما تكلمَ فلما يئسُوا منه تركوه.

أقام عليٌّ بالمسجدِ بعضَ الوقتِ ثم خرج يؤدِّي الأماناتِ إِلى أهلها ويفعلُ ما أمرهُ الرسولُ ـ صلى الله عليه وسلم ـ به ـ ثم هاجرَ إِلى المدينة؛ ففرحَ باجتماعِ شمله معَ الرسولِ ـ صلى الله عليه وسلم، وعندما آخى رسول الله بين المهاجرين والأنصار جعل عليًّا أخاً له وهذا دليل على حب الرسول له.

## زواج عليٍّ من فاطمة بنت الرسول:

ثم تناهَى إِلى سمع سيدنَا عليّ ـ رضي الله عنه ـ في العام الثانيِ من

الهجرةِ أن أحد الصحابة قد ذهبَ إلى رسولِ الله ـ صلى الله عليه وسلم ـ يخطبُ منهُ فاطمةَ ـ رضي الله عنها ـ وقالت له جاريته:

ـ فما يمنعُكَ أن تأتيَهُ فيزوجكَ؟

وهي تشيرُ عليه أن يذهبَ هو إلى رسول اللهِ فيتقدَّم لفاطمة بدلاً من ذلك الرجلِ.. فيجيبُ سيدنَا عليٌّ جاريتهُ:

ـ «وعندي شيءُ أتزوجُ بهِ؟».

يريدُ أن يفهمهَا بأنّه لا يملكُ ما يتقدمُ به إلى الرسولِ كي يخطب فاطمةَ، إذْ إنه لا يملكُ من حطامِ الدنيا شيئاً.. فتردُّ عليه الجارية بفراستِها ودرايتهَا بمكانة ومنزلَة سيدنِا عليٍّ لدى الرسولِ ـ صلى الله عليه وسلم ـ.

ـ إن جئتهَ زوجكَ!.

قال عليٌ ـ رضي الله عنه ـ:

فواللهِ مازالت ترجوني حتى دخلتُ على رسولِ الله ـ صلى الله عليه وسلم ـ: وكان لرسولِ اللهِ جلالةٌ وهيبَة فأقحمتُ. فواللهِ ما استطعتُ أن أتكلمَ فقال:

ـ «ما جاءَ بك؟». «ألكَ حاجةٌ؟».

ومع قدرته ـ رضي الله عنه ـ على الكلامِ والإبانةِ عمَّا في نفسهِ.. إلاَّ أنه

صمت ولم يتكلم.. هنا يتدخلُ النبيُّ الكريمُ بما عهدهَ فيهِ من طولِ عشرةٍ وثقةٍ متبادلةٍ.

- «لعلكَ جئتَ تخطبُ فاطمةَ؟».

قال عليٌّ - رضي الله عنه:

- «نعم».

قال - صلى الله عليه وسلم :

- «وهل عندكَ من شيءٍ تستحلُّهَا بِه؟».

قال علي:

- لا.

فقال - صلى الله عليه وسلم -:

- «ما فعلت درعٌ سلحتكها؟»(١).

إِن النبيَّ ليخبرُ علياً بما جاءَ لأجلهِ ثمَّ هو يسألَهُ هل عندَه شيءٌ يصلحُ لأن يكونَ مهراً لابنةِ خيرِ البشرِ؛ وعليٌّ يجيبُه بما لديهِ.. بأنه ليسَ لديهِ شيءٌ.. هنا يخففُ عنه الرسولُ - صلى الله عليه وسلم - بأن يذكرَهُ بأمرِ تلك

(١) التاريخ الكبير للحافظ أبي عبدالله شمس الدين الذهبي - تحقيق. د. محمد عبدالله شعيرة، مطبعة دار الكتب ١٩٧٣م.

الدرعِ التي لا يتجاوزُ ثمنُها أربعةَ دراهِم أيْ لا تساوِي كثيراً.. وكانت هذه الدرعُ صداقَ السيدةِ فاطمةَ، وزوَّجَ النبيُّ ابنتهُ لابنِ عمه تقديراً لمنزلتهِ وتخفِيفاً عليهِ؛ فعاشَ معهَا نعمَ العيشةُ والمعاشرةُ حتى تُوفي أبوها - صلى الله عليه وسلم - فتوفيتْ بعدَه بستةِ أشهرٍ حزناً عليهِ.

## جهاده في سبيل الله:

بعد الهجرة إلى المدينة المنورة بدأت مرحلة جديدة من عمر الدعوة الإسلامية، أراد الله فيها أن يحقق العزة والرفعة لدعوته، وأن تبنى دولة إسلامية لها شأنها بين الأمم، فأذن الله لرسوله - عليه السلام - بالجهاد، وكان عليٌّ من الجنود البارزين في الجهاد في سبيل الله، وأظهر في مشاركته في غزوات الرسول شأناً عظيماً وشجاعة نادرة، وفروسية لاتبارى، ومن الأمثلة على ذلك اختيار الرسول له ليحمل اللواء في غزوة خيبر، بعد أن أخبر أصحابه أنه سيعطي الراية غداً لرجل يحبه الله ورسوله ويحبهما، وفي صباح اليوم التالي كان عليٌّ أرمد فتفل الرسول في عينيه فلم يرمد بعدها أبداً ثم أعطاه الراية وقاتل مع المسلمين حتى فتح الله عليهم بالنصر[(١)].

وقد شهد مع الرسول المشاهد كلها ما عدا غزوة تبوك التي تخلف عنها بأمر من الرسول - عليه السلام - حيث استخلفه على أهله بالمدينة.

(١) العشرة المبشرون بالجنة – الشناوي ص ٢٥٥ بتصرف..

## منزلته من رسول الله:

لقد حظي عليٌّ ـ رضي الله عنه ـ بمنزلة عظيمة عند رسول الله ﷺ ولنأخذ دليلاً على ذلك.

قال له الرسول ـ عليه السلام ـ يوم أن خلفه على أهله في المدينة: «أما ترضى أن تكون مني بمنزلة هارون من موسى، غير أنه لا نبي بعدي».

وكان عليٌّ حزيناً على عدم خروجه مع الجيش إلى تبوك ولكنه عندما سمع كلمات الرسول ارتاح قلبه وهدأت نفسه.

وأيضاً قول الرسول عليه السلام: «اللهم والِ من والاه، وعاد من عاداه»(١).

## زهده وورعه:

تميز عليٌّ ـ رضي الله عنه ـ بزهده في الدنيا، وبعده عن ملذاتها حتى لا تغره بزخارفها، ويعد ذلك دليلاً على شدة ورعه وعظيم تقواه، وقد روى هو عن رسول الله ﷺ أنه قال له: «يا عليُّ، كيف أنت إذا زهد الناس في الآخرة، ورغبوا في الدنيا، وأكلوا التراث أكلاً لَمًّا، وأحبوا المال حبًّا جمًّا، واتخذوا دين الله دغلاً(٢)، ومال الله دولاً، قلت:

(١) المختصر من سيرة الخلفاء الراشدين ص ٢٠٢.

(٢) دغلاً: خداعاً وريبة.

أتركهم حتى ألحق بك إن شاء الله تعالى » .

قال رسول الله ﷺ : « صدقت، اللهم افعل ذلك به »[1] .

ولا شك أن هذا الزهد هو ما غرسه في نفسه الرسول عليه السلام، خاصة وأنه عاش مدة من حياته في حجر رسول الله ورأى زهده عليه السلام .

## علمه وفقهه:

ما اتصف به عليٌّ - رضي الله عنه - من سعة العلم وحسن الفقه شيء يصعب علينا حصره، وأن نلم بكل جوانبه، وحسبنا أن نشير إلى ما يدل على ذلك غير ما خلفه من آثار شعرية وحكم وغير ذلك .

أخرج ابن سعد عن عليٍّ - رضي الله عنه - قال : « والله ما نزلت آية إلا وقد علمت فيم أنزلت، وأين أنزلت، وعلى من أنزلت، إن ربي وهب لي قلباً عقولاً، ولساناً صادقاً ناطقاً » .

وأخرج عن الحارث قال : جاء رجل إلى عليٍّ فقال : أخبرني عن القدر؟ قال : بحر عميق لا تلجه . قال : أخبرني عن القدر؟ قال : سر الله قد خفي

---

(١) المختصر من سيرة الخلفاء الراشدين ص ٢٠٠ .

عليك فلا تفتشه. قال: أخبرني عن القدر؟ قال: يا أيها السائل، إن الله خلقك لما شاء، أو لما شئت؟ قال: بل لما شاء. قال: فيستعملك لما شاء»[1].

## عدله:

لقد تأصلت فيه هذه الصفة من معلمه وموجهه رسول الله ﷺ، ولقد رأى بعينيه ما كان يفعله الرسول مع كفار قريش، فرغم الإيذاء الذي لاقاه منهم ما جار على أحد منهم في حكم، وما ظلمه في حق له.

يروي عليُّ بن ربيعة قال: جاء جعد بن هبيرة إلى عليٍّ - رضي الله عنه - فقال: يا أمير المؤمنين، يأتيك الرجلان، أنت أحبُّ إلى أحدهما من نفسه والآخر لو يستطيع أن يذبحك لذبحك، فتقضي لهذا على هذا؟

فقال عليٌّ - رضي الله عنه -: «إن هذا شيء لو كان لي لفعلت، إنما ذا شيء لله»[2].

بهذه العبارة أظهر عليٌّ الأساس في حكمه، والقاعدة الأصيلة له.

## شهادة حق:

روي أن معاوية بن أبي سفيان قال لضرار الصدائي: صف لي عليًّا، فقال

---

(١) المصدر السابق ص ٢٠١.

(٢) المصدر السابق ص ٢٠٤.

ضرار: أعفني يا أمير المؤمنين.

قال معاوية: لتصفنَّهُ.

قال ضرار: أما إذا كان لابد من وصفه، كان - والله - بعيد المدى، شديد القوى يقول فضلاً، ويحكم عدلاً، يتفجر العلم من جوانبه، وتنطق الحكمة من نواحيه يستوحش من الدنيا وزهرتها، ويأنس إلى الليل ووحشته، وكان غزير العبرة طويل الفكرة، يعجبه من اللباس ما قصر، ومن الطعام ما خشن، كان فينا كأحدنا، يجيبنا إذا سألناه، وينبئنا إذا استنبأناه، ونحن - والله - مع تقريبه إيانا وقربه منا لا نكاد نكلمه هيبة له، يعظم أهل الدين، ويقرب المساكين، لا يطمع القوي في باطله، ولا ييأس الضعيف من عدله، وأشهد لقد رأيته في بعض مواقفه. وقد أرخى الليل سدوله، وغارت نجومه، قابضاً على لحيته يتململ تململ السليم، ويبكي بكاء الحزين ويقول: يا دنيا غري غيري، إليَّ تعرضت، أم إليَّ تشوقت؟ هيهات هيهات! قد طلقتك ثلاثاً لا رجعة فيها فعمرك قصير وخطرك قليل آه آه من قلة الزاد وبعد السفر ووحشة الطريق.

فبكي معاوية وقال: رحم الله أبا حسن، كان - والله - كذلك.

فكيف حزنك عليه يا ضرار؟ قال: حزن من ذبح واحدها في حجرها[1].

---

(١) المصدر السابق ص ٢٠٧.

## الخلافة بعد رسول الله:

بعد وفاة الرسول ـ عليه السلام ـ تولى الخلافة أبو بكر الصديق ثم تلاه عمر بن الخطاب ومن بعده عثمان بن عفان رضي الله عن الجميع وقد بايعهم جميعاً عليٌّ بن أبي طالب، ولا أثر لما قيل حول هذا الموضوع وبعد مقتل عثمان تولى عليٌّ بن أبي طالب الخلافة.

في هذا الجو العاصف المخيف والفتنة ناشبة، والثورة مشتعلة، المسلمون منقسمون على أنفسهم، فريق مع عليٍّ وآخر ضده، ولكل فريق آراؤه واجتهاداته[1].

وقد حدثت خلافات ومصادمات بين عليٍّ ومخالفيه، وقد بنيت هذه على اجتهادات يرى كل فريق فيها أنها الحق الذي يسعى إليه. والله يتولى الجميع.

## وصيته للحسن رضي الله عنه:

لقد كانت آخر وصية للإمام عليٍّ ـ رضي الله عنه ـ لابنه الحسن عند مقتله قوله: يا بني احفظ عني أربعاً وأربعاً.

قال: وما هن يا أبت؟

---

(١) العشرة المبشرون بالجنة ـ الشناوي ص ٢٧٠ بتصرف.

قال: أغنى الغنى العقل، وأكبر الفقر الحمق، وأوحش الوحشة العجب، وأكرم الكرم حسن الخلق.

قال: فالأربع الأُخر؟

قال: إياك ومصاحبة الأحمق، فإنه يريد أن ينفعك فيضرك، وإياك ومصادقة الكذاب فإنه يقرب عليك البعيد ويبعد عنك القريب، وإياك ومصادقة البخيل، فإنه يقعد عنك أحوج ما تكون إليه، وإياك ومصادقة الفاجر فإنه يبيعك بالتافه»(١).

## استشهاده:

لقد انتهت الخلافات التي أشرنا إليها بمقتل عليٍّ -رضي الله عنه- ليلة السابع عشر من رمضان سنة ٤٠ من الهجرة وذلك بعد أن ظل خليفة للمسلمين قرابة خمس سنوات. وانتهت بذلك حياة أبي الحسن والحسين أول من أسلم من الغلمان.

رضي الله عنه ورحمه الله وجمعنا به في مستقر رحمته.

---

(١) المختصر من سيرة الخلفاء الراشدين ص ٢١٨.

# الفهـــرس